파우에게

Frank ⓒ 2018, Ximo Abadia 2017 First published in Spain by Dibbuks.
www.dibbuks.com All rights reserved.
Korean translation ⓒ 2018 Jiyangsa Arranged through Icarias Agency, Seoul

이 책의 한국어판 저작권은 Icarias Agency를 통해 Dibbuks와 독점 계약한
도서출판 지양사에 있습니다.
저작권법에 의해 한국 내에서 보호를 받는 저작물이므로 무단전재와 복제를 금합니다.

지은이 치모 아바디아는 1983년 에스파냐의 알리칸테에서 태어났습니다.
어렸을 때부터 슈퍼 영웅들을 다룬 미국과 프랑스 만화를 즐겨 읽으면서
그림에 대한 열정을 키웠습니다. 18세 때 체육학을 전공하기 위해 마드리드로 갔지만,
마지막 학기에 마드리드의 미술 전문학교 ESDIP에 등록하여 6개월 동안
출판 일러스트레이션 및 코믹스 강의를 수강했습니다.
2010년 첫 번째 성공을 거둔 그래픽 노블 『Clonk』을 출판했고, 이 작품으로
바르셀로나 살롱 델 코믹스 el Salón del Cómic de Barcelona에서 최우수 신인상 후보에 올랐습니다.
이 책은 2011년 로스앤젤레스 타임지가 선정하는 최우수 그래픽 노블에 선정되었습니다.
그 외 『초콜릿의 양면성 La bipolaridad del chocolate』, 『노란색 문 La puerta amarilla』,
『어른이 되면 아이가 되고 싶어요 De mayor quiero ser pequeño』 등을 프랑스에서 출판했습니다.
최근에는 그래픽 노블을 아동문학에 접목시키는 작업을 하고 있으며,
2015년에는 에스파냐 SM 출판사에서 『새 발명가 El inventor de pájaros』를 출판했습니다.

옮긴이 유 아가다는 한국외국어대학교 통번역 대학원에서 에스파냐어를 전공했습니다.
에스파냐와 중남미의 좋은 그림책들을 소개하여 우리말로 옮기는 일을 하고 있습니다.
우리나라의 그림책들을 에스파냐어로 옮겨 멕시코와 에스파냐에서 출판하기도 했습니다.
『얼음 왕국 이야기』, 『앞니가 빠졌어!』, 『세상에서 제일 큰 상자』,
『마르케스: 가보의 마법 같은 삶과 백 년 동안의 고독』 등을 우리말로 옮겼고,
『조그만 발명가』, 『두 사람』, 『과학자가 되는 과학적인 비결』, 『지하정원』 등을
에스파냐어로 옮겼습니다.

독재자 프랑코
잊혀진 독재자의 놀라운 이야기

치모 아바디아 지음 · 유 아가다 옮김
펴낸곳: 도서출판 지양사 · 키드북 / 주소: 서울 마포구 월드컵북로 38가길 20, 102-1101
등록번호: 제8-25 / 초판 발행일: 2018년 7월 25일 / 전화: 02-324-6279 / 팩스: 02-325-3722
e-mail: jiyangsa@daum.net ISBN: 978-89-8309-053-9 (77840) / 값 12,500원

*이 도서의 국립중앙도서관 출판사도서목록(CIP)은 서지정보유통지원시스템 홈페이지(http://seoji.
nl.go.kr)와 국가자료공동목록시스템(http://www.nl.go.kr/kolisnet)에서 이용하실 수 있습니다.
(CIP제어번호: CIP2018017710)

치모 아바디아 지음 • 유 아가다 옮김

독재자
프랑코

잊혀진 독재자의 놀라운 이야기

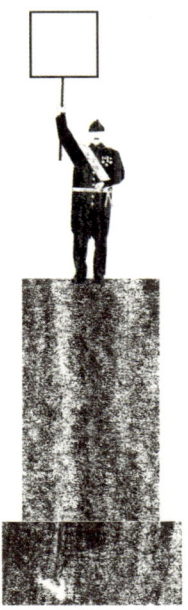

지양어린이 KID BOOK

프랑코는 에스파냐 북부의 작은 마을에서 태어났어요.

프랑코는 사관학교에 입학했어요.
그런데 반에서 늘 꼴찌였죠.

사막에서 근무하라는 명령을 받았을 때,
프랑코는 겨우 열아홉 살이었어요.

그러나 시막에서 용감하게 싸운 프랑코는
영웅이 도어 돌아왔어요.

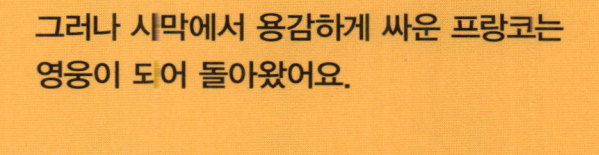

돌아와 보니 세상이 완전히 바뀌어 있었어요!

사방에 동그라미들과

그리고 직사각형들이
가득 차 있었어요.

프랑코는 화가
머리 꼭대기까지 치밀었어요.

이 세상에는 오직
정사각형만 있어야 해!

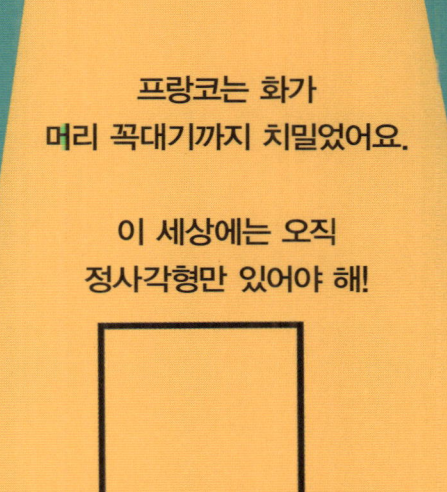

그러나 프랑코와 생각이 달랐던 사람들은
그를 외딴섬으로 내쫓아 버렸죠.

프랑코는 포기하지 않고
외국에 있는 친구들에게 도움을 청했어요.

프랑코처럼 정사각형만 옳다고 외치는 장군이
두 명 더 있었거든요. 바로 히틀러와 무솔리니였죠.

프랑코는 그들의 도움을 받아
반대파를 물리쳤어요.

그리고 돌아와
권력을 잡았죠.

프랑코와 함께
기대하지 않던 왕도 돌아왔어요.

프랑코는 자기와 생각이 다른 사람들을
힘으로 억눌렀어요.

프랑코는 정사각형 외에
어떤 모양도 받아들이지 않았어요.

수천 가지 다양한 모양들을
모조리 땅속에 묻어 버렸죠.

그 사이 세계는
전쟁을 치르느라 정신이 없었지요.

프랑코가 세상을 떠났어요!

프랑코 덕분에 부자가 된 사람들은
국민을 집단 기억상실증에 걸리게 했죠.

아직도 땅속에 갇힌 채 '자유'를 외치는
수많은 사람들의 목소리가 들립니다.

프란시스코 프랑코 Francisco Franco 1892.12.4 ~ 1975.11.20는 어떤 사람인가요?

독재자 프랑코는 1892년 에스파냐 북부 갈리시아 지방에서 태어났습니다. 19세에 사관학교를 졸업하고 에스파냐가 지배하던 모로코로 발령을 받았습니다. 프랑코는 리프족族의 민족운동을 진압한 공으로 1921년 최연소 장군이 되었습니다. 그리고 1928년에는 신설된 사관학교의 교장이 되었습니다.

1931년 공화정부가 수립되자 공화제에 반대한다는 이유로 사관학교는 폐쇄되고 프랑코는 발레아레스 섬으로 쫓겨났습니다. 그러나 1935년 아스투리아스의 노동자 봉기를 진압한 프랑코는 다시 참모총장으로 진급했습니다.

1936년 2월, 총선에서 '인민전선 내각'이 수립되자 프랑코는 정부에 반대하는 쿠데타를 모의했고, 결국 카나리아 군도로 좌천되었습니다. 그해 7월 모로코로 간 프랑코가 군대를 이끌고 반란을 일으키면서 에스파냐 내전 1936~1939은 시작되었습니다.

내전 초기에는 시민들의 지원을 받는 정부군이 유리했으나, 독일의 히틀러와 이탈리아 무솔리니가 도와주면서 프랑코의 반정부군이 세력을 얻게 되었습니다. 그러자 세계의 지식인들이 파시즘 독재에 반대하여 에스파냐 내전에 참전했습니다.

프랑스의 소설가 앙드레 말로를 비롯해 세계 50여 나라 5만여 명의 시민들이 '국제 여단'을 만들어 프랑코의 반정부군과 맞서 싸웠습니다. 미국의 노벨상 수상 작가인 헤밍웨이는 종군기자로 참전했고, 세계적인 화가 피카소는 유명한 「게르니카」를 그려 에스파냐 내전의 참상을 고발했습니다. 첼리스트 파블로 카잘스는 파시즘에 항거하다 조국 에스파냐에서 추방당했습니다. 이렇게 에스파냐 내전은 전 세계의 지성인과 파시스트의 싸움으로 확대되었습니다.

독일과 이탈리아의 지원을 받은 프랑코의 반정부군은 1939년 3월 수도 마드리드에 진입했고, 2년 반 동안 이어진 내전은 결국 프랑코의 승리로 끝났습니다.

프랑코는 팔랑헤당黨이 지배하는 파시즘 국가를 세워 반대 세력을 강력하게 탄압했습니다. 그는 민주주의자와 공화주의자, 사회주의자를 비롯해 자신에게 반대하는 모든 사람들을 감옥에 가뒀습니다. 에스파냐의 정치단체나 노동조합 같은 조직은 모두 파괴됐고, 정부에 비판적인 언론사는 문을 닫았습니다. 이 과정에서 수많은 사람들이 목숨을 잃었고, 지금까지도 그 시신을 찾지 못한 사람들이 대부분입니다.

끔찍한 파시즘 독재는 1975년 11월, 프랑코가 세상을 떠날 때까지 39년이나 계속되었습니다.

작가의 이야기*

어떻게 프랑코라는 인물에 관심을 가지게 되었나요?

　우리나라는 학교에서 프랑코라는 인물에 대해 가르치지 않아요. 그래서 우리는 그가 어떤 사람인지 잘 모릅니다. 에스파냐의 역사 중 아주 가까운 40여 년이 지워진 셈이죠.
　나는 아이들이 우리 역사의 한 부분을 알지 못한 채 어른이 되는 것은 옳지 않다고 생각합니다.
　2년 전 아시아로 배낭여행을 갔는데, 첫 여행지가 캄보디아였어요. 캄보디아와 에스파냐는 내전 중 땅속에 묻힌 사람들의 유해를 수습하지 않았다는 공통점이 있습니다.
　그러나 캄보디아에서는 '붉은 캄보디아' 시대에 자행된 고문과 학살 현장들을 사람들에게 공개하고 있었어요. 뿐만 아니라 그 시대에 고문당하고 살해당한 사람들을 위한 추모비를 세워 놓았는데, 거기에는 이렇게 적혀 있었어요. "미래로 나아가기 위해서 과거를 기억해야 한다."
　그런데 우리는 어떤가요? 학살 현장은 어디에 있으며, 고문이 자행되었던 장소들은 어떻게 되었나요? 그러면서 생각했죠. 과거의 잔혹한 학살과 고문이 앞으로는 절대 되풀이되어서는 안 된다고. 그러기 위해서는 역사의 현장을 보존해, 부끄러워하고 반성하며 교훈으로 삼아야 한다고 생각했습니다.

프랑코를 재조명하려고 결심한 이유는 무엇인가요?

　"죽은 사람들을 되살릴 수 있는 유일한 방법이 기억"이라고 생각했으니까요. 독재를 겪었던 사람들에게 그 시절을 물으면, 돌아오는 대답은 거의 똑같아요. "과거의 일이지, 다 지나간 일이야."
　제 생각에는 사람들 모두 '집단 기억상실증'에 걸린 것 같습니다. 기억을 되살리기 위해서, 여전히 땅속에 '묻혀 있는 수천 명의 사람들'을 추모하기 위해 이 책을 쓰게 되었습니다.
　나는 프랑코의 출생부터 죽음까지 다루는 책을 쓰고자 했습니다. 우리 아이들에게 에스파냐 역사의 한 부분인 독재 시대에 대해 이야기하고 싶었어요. 또한 여전히 추구해 나가야 할 가치인 '자유'에 대해서도 말하고 싶었어요.
　우리의 기억에서 잊힌 채 땅속 구덩이에 묻혀 있는 수천 명의 사람들은 모두 에스파냐 사람들입니다. 그들이 어떤 생각을 가졌든 인간다운 묘지를 가질 권리가 있죠. 그러나 가족들이 시신을 찾아내 안식처를 만들어 주는 일은 지금도 쉽지 않아 안타깝습니다.

* 에스파냐의 주요 일간지 「엘 파이스 E Pais」에 실린 페르난도 베르날 기자와 이 그림책의 저자 치모 아바디아와의 인터뷰 기사를 일부 발췌한 것입니다.(2018년 2월 7일자)